10,-

Kristina Andres – Die schnurrende Kammerfrau

Zu diesem Buch erscheint eine handkolorierte Originalradierung von Kristina Andres in limitierter Auflage.

© Little Tiger Verlag GmbH
1. Auflage, Gifkendorf 2011
Satz & Layout: Little Tiger Verlag
Gesamtherstellung: novoprint, Barcelona
ISBN 978-3-931081-67-6
www.kristinaandres.com
www.little-tiger.de

Kristina Andres

Die schnurrende Kammerfrau

Märchenhafte Katzengeschichten
zum Lesen und Vorlesen

mit 14 Radierungen und vielen Zeichnungen
von Kristina Andres

Das Medaillon

Ein König fürchtete, seine drei Söhne könnten ihm den Thron streitig machen. Darum schickte er sie in die Welt hinaus: „Wer mir den schönsten kleinen Hund schenkt, damit ich, wenn ich abdanke, eine nette Gesellschaft habe, verdient sich Krone und Thron. Ihr habt ein Jahr Zeit!"
Die Söhne machten sich auf den Weg. Die beiden älteren durchreisten alle Länder und zogen von Hundezüchter zu Hundezüchter. Der jüngste Prinz aber verirrte sich nur wenige Stunden nach seinem Aufbruch in dichtem Nebel. Gegen die Kälte wickelte er sich fest in seinen blauen Umhang. Er wusste nicht, was er durchritt, war es Wald, Feld oder Wiese? Es schien ihm fast, als hätte er die Welt verlassen. Bis er in der Ferne ein Licht sah und an einen Palast kam, dessen Tor von alleine aufschwang, als hätte es ihn erwartet.
Eine seltsame Dienerschaft nahm ihn in Empfang: allesamt

Katzen, in Samt und Seide gehüllt. Sie ließen ihm ein heißes Bad ein, reichten ihm weiche Handtücher und trockene Kleidung. Schließlich führte man ihn vor die Katzenkönigin. Schneeweiß war ihr Fell, das Gesicht jung und schön und die Augen so blau wie der Abendhimmel nach einem klaren Wintertag. Um den Hals trug sie eine Kette mit einem Medaillon daran. Der Prinz fragte sich, wessen Bildnis sie darin verbarg.

Die Königin bat ihn zu Tisch. Sie aßen, tranken, sprachen, und der Prinz vergaß, dass seine schöne Gastgeberin eine Katze war. So verging ein Jahr.

Eines Morgens mahnte ihn die weiße Katze: „Du musst aufbrechen, mein Prinz. Dein Vater erwartet dich und das Geschenk, das du ihm bringen sollst!"

Da erschrak er. An den Vater und dessen Auftrag hatte er gar nicht mehr gedacht. Woher sollte er nun einen Hund nehmen? Hier gab es nur Katzen.

Die weiße Katze gab ihm eine Walnuss, aus der es leise bellte. „Hier hast du deinen Hund. Gib acht, dass du ihn erst herauslässt, wenn du vor dem König stehst. Du könntest ihn sonst verlieren und ständest mit leeren Händen da!"

„Ich komme wieder!", versprach der Prinz. Er ritt zum Tor hinaus und in den Nebel hinein, aus dem Nebel heraus und vor seines Vaters Schloss.

Die älteren Brüder erschienen, jeder mit einem Hündchen an einer goldenen Leine. Der jüngste Sohn kam mit den Händen in den Hosentaschen, denn er hielt die Nuss fest umklammert, damit sie ihm ja nicht verloren ging.

Die Älteren führten ihre Hunde vor, die bezaubernd waren. Doch ließ sich nicht recht ein Unterschied zwischen ihnen finden. Dann kam die Reihe an den jüngsten Sohn.

Er zog die Walnuss hervor, brach vorsichtig die Schale auf und hob die obere Hälfte ab. In der Nuss schlief auf einem Kissen ein golden gelockter Hund mit langen Ohren. Als das Licht auf ihn fiel, erwachte er und streckte sich, ganz nach Hundeart. Der Prinz zog seinen Siegelring ab und hielt ihn mit zwei Fingern –

der Hund sprang hindurch wie durch einen Zirkusreifen. Danach vollführte er in des Prinzen Hand einen anmutigen Tanz, putzte sich, kroch in die Nuss zurück und zog die Schale zu. Der König war hingerissen. Der jüngste Prinz hatte diesen Wettstreit gewonnen, daran bestand kein Zweifel. Thron und Krone wollte der Vater jedoch nicht abgeben und erdachte eine neue Aufgabe: „Ich will ein Tuch so fein, dass es durch das Öhr einer Nähnadel geht, die aus der Rippe eines Zaunkönigs geschnitzt ist. Wer mir das nach einem Jahr bringt, wird König an meiner statt."

Die älteren Brüder brachen sofort auf, um bei den Tuchhändlern in aller Welt nach dem Wundertuch zu suchen. Der jüngste Prinz ritt aus dem Schlosstor und wünschte nichts sehnlicher, als sich zu verirren. Kaum hatte er den Wunsch zu Ende gedacht, fand er sich in dem ihm wohlbekannten Nebel wieder.

Die Katzenkönigin erwartete ihn am Tor. Das Medaillon unter ihrem Hals schimmerte im Abendlicht.

Ein weiteres Jahr brach an. Wieder war es die weiße Katze, die den Prinzen zum Aufbruch mahnte, als es um war.

Das Tuch!, fiel es ihm ein.

Die Katze gab ihm eine Haselnuss. „Darin ist, was ich webte, aus Mondschein und Sternenglanz. Nun reite und verliere es nicht."

Und der Prinz schwor: „Ich bin bald zurück."

Er ritt in den Nebel und heraus und vor seines Vaters Schloss. Seine Brüder, lange vor ihm eingetroffen, hatten ihre Tücher bereits ausgebreitet. Feinster Stoff war es wohl, aber durch das Nadelöhr war er nicht gegangen.

Der Jüngste öffnete seine Haselnuss. Der Wunderstoff floss heraus wie Silberwasser und bedeckte den Boden. Einhörner, Vögel und Falter, fein hineingewebt, schienen lebendig. Allen Anwesenden stockte der Atem. Ein Fenster schwang auf, leiser Luftzug hob den Stoff und er ging wie von selbst durch das Nadelöhr, ohne irgendeinen Schaden zu nehmen. Da war der Sieger entschieden und der König ratlos. So hatte er sich das nicht vorgestellt. Er verlangte von seinen Söhnen die Erfüllung einer letzten Aufgabe: „Wer nach einem Jahr die schönste Braut heimführt, dem gebührt der Thron!"

Die beiden Älteren eilten davon. Der jüngste Sohn wünschte nichts sehnlicher, als sich zu verirren, geriet in den dichten Nebel und ritt, wie es ihm schien – heim.

„Ich weiß schon, was er diesmal will", empfing ihn die weiße Katze und war anmutiger und strahlender denn je. Ihre Pfoten umschlossen das Medaillon, damit es nicht von ihrem Herzschlag hüpfte.

Der Prinz erwiderte: „Es kümmert mich nicht, was er will."

So begann ein neues Jahr. Begann und verging wie im Traum.

„Dein Vater erwartet uns, mein Prinz", sprach die weiße Katze.

„Mein Vater erwartet eine Menschenprinzessin. Ich gehe nicht."

Der Prinz war traurig und wusste doch nicht warum.

„Schlag mir den Kopf ab!", verlangte die Katze.

„Niemals!", rief der Prinz erschrocken.

Aber die Katze bestand darauf: „Wenn du es nicht tust, sterbe ich."

Da zog der Prinz sein Schwert und hieb ihr den schönen Kopf von den Schultern. Aus der Katzenhaut stieg ein Mädchen mit weißer Haut, hellem Haar und Augen so blau wie der Himmel am Abend nach einem klaren Wintertag. Um ihren Hals trug sie die schimmernde Kette mit dem Medaillon.

„Siehst du, ich bin es immer noch", sprach sie. Das Mädchen zog ein schlichtes Kleid an und hüllte sich in ein Wolltuch. Sie warfen die Katzenhaut ins Feuer. Dann machten sie sich auf den Weg zum Schloss und es war kein Nebel mehr da, durch den sie hindurchmussten. Ein gerader Weg lag vor ihnen, mit Bäumen links und rechts.

Selbst in dem schlichten Kleid überstrahlte die Schönheit des Mädchens alles je Gesehene. Der jüngste Prinz wurde zum Sieger erklärt, kaum dass sie den Saal betraten. Der König stieg vom Thron, aber sein jüngster Sohn schüttelte den Kopf, sprach: „Alles, was ich wünsche, habe ich bereits", und zog sein Katzenmädchen mit sich fort.

Sie ritten hinaus, dem Abend entgegen und feierten Hochzeit in ihrem Palast. Als sie spät in der Nacht in ihre Schlafkammer gingen und die Kleider ablegten, nahm der junge König das Medaillon in seine Hände und öffnete es. Da war es ihm, als blicke er drei Jahre zurück in einen Spiegel. Das Bild zeigte ihn, wie er das erste Mal durch den eisigen Nebel ritt, fest in den blauen Umhang gehüllt.

Die schnurrende Kammerfrau

Der alte Fuchs war gestorben und die Füchsin vor Trauer und Einsamkeit grau und faltig geworden. Doch nach einem langen Jahr suchte sie sich Gesellschaft.

So wurde die Katze Kammerfrau bei der Füchsin. Sie hielt das Haus rein, den Ofen warm, bügelte das Schnupftüchlein, achtete darauf, dass die Füchsin gesund aß, und schmeichelte ihr. Davon bekam die Füchsin glänzendes Feuerfell und zarte Augen.

„Eine solch wunderbar schöne Dame findet sich nirgends auf der Welt!", dachte die Katze.

Bald sprach sich die große Schönheit der Füchsin herum. Auch der wilde Wolf hörte davon, polierte das Auto, zog seinen feinsten Anzug an und brauste los. Unterwegs stahl er ein paar Blumen, eine fürs Knopfloch, den Rest für die Schöne. Als er am Hause der Füchsin ankam, öffnete die Kammerfrau.

„Na, was willst du?", schnurrte die

Katze und sah ihn freundlich an.

„Sag mir, ist die holde Füchsin daheim?" Der Wolf klimperte mit den Augenlidern.

„Draußen steht der wilde Wolf, der will dir schöne Augen machen. Willst du mit ihm fahren?", sprach die Katze zur Füchsin.

„Soll ich?", überlegte diese und fuhr schließlich mit, denn der Wolf roch wild und nach Wald und das gefiel ihr.

Am nächsten Tag wollte der wilde Wolf die Füchsin zu Kaffee und Schokoladentorte ausführen. Die Katze dachte bei sich, Kaffee und Torte, nicht gerade gesund, aber einmal wird es

nicht schaden. Der Füchsin sagte sie: „Kaffee und Torte sollst du bekommen. Willst du mit?"

Die Füchsin zögerte zunächst, doch dann war sie einverstanden. Einen Tag später lud der wilde Wolf sie zum Tanz ein. Kaffee und Torte hatten ihr gut gefallen, so fuhr die Füchsin auch diesmal mit.

Am Tag darauf wollte der wilde Wolf sie für immer haben: „Jetzt soll sie meine Braut werden!"

„Willst du das?", fragte die Katze.

„Will ich?", grübelte die Füchsin.

„Nimm sie mit. Sie will ja doch!", sprach die Katze zum wilden Wolf.

Es kam ihr komisch vor, dass niemand mehr da war, dem sie schmeicheln und den sie umsorgen konnte. Sie hielt das kleine Haus rein und den Ofen warm. Pflanzte Blumen vor die Tür und häkelte Spitzenkanten an Vorhänge und Tischtücher. Dann, eines Tages, kehrte die Füchsin zurück und: sie sah recht grau und faltig aus.

„Da bin ich wieder. Zuhause", tat sie kund.

„Und der wilde Wolf?", wollte die Katze wissen.

„Ach, der. Putzt sein Auto!", erklärte die Füchsin und berich-

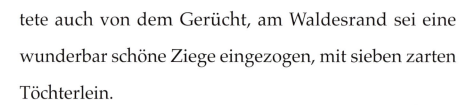

tete auch von dem Gerücht, am Waldesrand sei eine wunderbar schöne Ziege eingezogen, mit sieben zarten Töchterlein.

Da lebten sie wieder als Kammerfrau und Füchsin. Sie hielten das Haus rein und den Ofen warm, bügelten das Schnupftüchlein und sagten einander freundliche Worte. Torte und Kaffee gab es von nun an öfter. Davon wuchs der Füchsin ein leuchtendes Feuerfell. Ihre Augen glänzten zart und schwarz wie Holundersaft. Sie war schöner denn je. Die Katze aber wurde wunderbar dick. Am Sonntag tanzten sie im Garten unterm Birnbaum, dass die Regenwürmer Kopfweh bekamen.

„Eine solch wunderbar schöne Dame findet sich nirgends auf der Welt!", schnurrte die Katze dann.

Vom Dummling

Eine Frau und ein Mann hatten zwei Söhne. Der erste war so, wie Eltern sich Söhne wünschen: gescheit, geschickt, stark und höflich.

Der zweite Sohn war ein rechter Dummling und zu keiner Arbeit zu gebrauchen. So saß er oft herum und dachte nach: Vater, Mutter und Bruder waren ganz normal ängstliche Leute, die sich vor Dunkelheit und Unwetter fürchteten, vor wilden Ungeheuern, Löchern in Socken und Sparstrümpfen, vor schimmeligem Brot, lila Schweinepest, Schwindelsucht und Hühnerpocken. Am schlimmsten ängstigte sie der Gedanke, jemand könnte ihren Strumpfschrank rauben. Darum kam der Dummling zu dem Schluss, dass das Wichtigste von allem, was ein Mensch

können müsse, das Fürchten sei. Und das verdross ihn, denn er selbst kannte keine Furcht.

„Vater!", verkündete er. „Ich will das Fürchten lernen! So gut, dass ich mein Geld damit verdienen kann."

Der Vater dachte: „Es ist zwecklos. Der Junge ist dumm. Je eher ich ihn loswerde, desto besser. Er wird nur Schaden anrichten und unseren guten Ruf ruinieren."

„Geh hinaus in die weite Welt, da wirst du dich schon fürchten!", sagte er darum.

„Au fein!", rief der Dummling. „Vater, du bist ja so klug!" Er ging und packte seinen Rucksack.

„Vater, nun sag mir noch, wie ich in die weite Welt komme!", verlangte er zum Abschied.

„Die Hauptstraße hinab und durch den wilden Wald. Dahinter beginnt die weite Welt", sprach der Vater.

„Mein Vater weiß alles. Er ist der klügste Mann der Welt!", dachte der Dummling und verließ frohgemut sein Elternhaus.

Als die Tür hinter ihm ins Schloss fiel, taten die Eltern einen tiefen Seufzer. Irgendwo, so trösteten sie sich, irgendwo in der weiten Welt musste es doch ein Ungeheuer geben, vor dem der

Junge sich fürchtete. Sie baten Gott, er möge sich ihres Sohnes erbarmen und ihm jenes Ungeheuer schicken, dass es ihn tüchtig erschrecke und einen ordentlichen Menschen aus ihm mache.

Der Dummling schritt die Hauptstraße hinab zum wilden Wald hin. Dahinter türmte sich ein Gebirge, auf dessen höchstem Gipfel ein Schloss zu sehen war. Dem Jungen lachte das Herz. Das musste dann wohl die weite Welt sein.

„Bald fürchte ich mich!", freute er sich. „Nur noch schnell durch den Wald!"

Am Abend hatte er diesen durchquert. Er schlief unter einer Eiche und begann am Morgen mit dem Aufstieg. Nach einer Stunde des Weges saß da auf einem Stein ein kleiner König mit braunem Bart und trällerte:

„Gehe nicht zum Schlosse hin,
auf des Berges Spitze.
Sei nicht dämlich,
dort spukt es nämlich!"

Der Dummling gab ihm ein Stück Käse, grüßte freundlich und zog weiter. Zur Mittagszeit saß der König wieder dort am Wegrand. Der Junge erkannte ihn gleich, auch wenn jener sich einen silbernen Rauschebart ans Kinn geklebt hatte.

„Sei nicht dumm,

kehre um!", schmetterte der König.

„Ich bin aber dumm!", dachte der Junge. „Dieser Weg ist wie für mich gemacht."

Er gab dem König ein gutes Stück Brot. In der Abenddämmerung kam er an das Schlosstor. Wer wartete dort auf ihn? Genau.

„Sei nicht blöd,

sonst bist du töt!!!", krakeelte der König hinter einem goldenen Wallebart hervor.

„Na, der hat aber Hunger!", wunderte sich der Junge und gab ihm zwei Würstchen und Apfelkuchen. Dann ging er hinein.

Der Schlosshof empfing ihn still. Hinter allen Fenstern war Schweigen. Der Dummling durchschritt leere Räume und kam

schließlich in einen großen Saal. Da stand der Thron. Drin saß der König, den er bereits dreimal getroffen, und trug alle drei Bärte übereinander, den goldenen zuoberst. Er sprach: „Ich habe dich gewarnt! So höre: Auf dem Schloss lastet ein Fluch. Er kann allein von demjenigen gebannt werden, dem es gelingt, drei Nächte mit den ungeheuerlichen Untieren zu überleben, die nachts aus den Mauern steigen. Dem, der das vermag, gehören sämtliche Schätze und das Königreich dazu, und auch mein Töchterlein, die Prinzessin, die momentan ebenfalls verflucht ist."

„Schätze, Königreich und Prinzessin kannst du behalten. Ich brauche sie nicht. Ich will nur das Fürchten lernen!", war des Dummlings Antwort.

„Bisher sind alle Jünglinge vor Furcht gestorben!", versicherte der König.

Das klang gut, vielversprechend. Der Vater hatte recht gehabt. Hier würde er das Fürchten lernen.

„Dann will ich, wie es üblich ist, drei Dinge von dir erbitten. Eine zweischneidige Axt. Eine Feile. Ein langes Seil. Ein Feuer."

Der König gab ihm, wonach er verlangte, und bemerkte nicht, dass es ja vier Sachen waren. Dann führte er ihn in den Schlosskeller und ließ ihn allein.

So begann die erste Nacht, in Finsternis und Kälte. Wie gut, dass der Dummling ein Feuer hatte. Er machte es sich bequem, so gut es ging. Schlag Mitternacht sprangen zwei riesige schwarze Katzen aus der Kellerwand. Ihre Augen glühten, während sie ihn umkreisten.

„Ich hab keine Zeit für euch, ich warte nämlich auf ungeheuerliche Untiere, die gleich kommen", erklärte der Dummling.

Die Katzen entblößten lange spitze Zähne. Da packte er sie lieber beim Schwanz und stieß sie aus dem nächsten Fenster. Da kein Ungeheuer sich blicken ließ, schlief er schließlich ein. Am Morgen wachte er enttäuscht auf. Er hatte sich kein bisschen gefürchtet! „Irgendetwas wird schon noch kommen", tröstete er sich.

In der zweiten Nacht kehrten die Katzen zurück, doppelt so groß, mit Augen wie Feuerräder.

„Kommt doch später wieder. Jetzt muss ich auf die fürchterlichen Untiere warten, die der König mir versprochen hat!", bat der Dummling.

Die Katzen grollten und peitschten die Schwänze, dass es im ganzen Schloss wiederhallte. Der Dummling warf sie zum Fenster hinaus. Danach wartete er vergebens auf die Untiere.

Die dritte Nacht kam. Die Katzen erschienen, dreimal so groß nun und mit Augen, in denen es blitzte wie hundert Unwetter.
„Ihr schon wieder!", stöhnte der Dummling.
Die Katzen wetzten ihre gelben Krallen an der Wand. Dann sprangen sie den Jungen an. Der aber packte sie, stieg auf die Schlossmauer und schleuderte sie von der höchsten Zinne. Danach setzte er sich ans Feuer, schärfte die Axt, putzte die Feile und rollte das lange Seil auf, damit alles fein und bereit war, wenn die Ungeheuer endlich auftauchten. Am Ende schlief er ein.

Im Morgengrauen herrschte reges Treiben im Schloss. In allen Kaminen prasselte Feuer. Mägde und Knechte eilten hin und her. In der Küche wurde gesotten und gebraten, gebacken und gekocht. In den Stallungen drängten sich die Tiere.

Verwundert schlug der Dummling die Augen auf. Vor ihm saß ein Mädchen, lächelte ihn freundlich an und hatte den Mund voller Würfelzähne. Dem Dummling wurde ganz und gar warm im Bauch. Er erschrak darüber und fiel in Ohnmacht. Als er zu sich kam, lag er auf einem weichen Sofa und das Mädchen war fort. Das machte

ihm solche Angst, dass er glaubte, sterben zu müssen. Dann lachte er vor Glück, denn nun wusste er ja, was Furcht war. Gleich darauf war ihm wieder sterbenselend zumute.

Der König trat ein, mit der Prinzessin neben sich, und es war niemand anderes als das Mädchen, das ihm einen solchen Schrecken eingejagt hatte. Sie zeigte ihre Würfelzähne und lachte so dröhnend, dass sie die Wände zum Wackeln brachte. Noch am selben Tag feierten sie Hochzeit.

Der Dummling wurde der glücklichste Mann der Welt und hatte auch bald elf ungeheuer kluge Kinder. Und immer, wenn eines dazu kam, lernte er ein wenig mehr über das Fürchten, war er doch ein sehr besorgter Vater.

Eines Tages fuhr der junge König in sein altes Dorf, um zu sehen, wie es ihnen dort ergangen war. Die Königin auf dem Kutschbock und alle Kinder mit dabei, hielt er vor seinem Elternhaus. Vater und Mutter traten vor die Tür und kamen ihm ungeheuer klein, bleich und furchtsam vor. Und da er dankbar war, dass sein Vater ihm damals den rechten Rat gegeben hatte, sorgte er dafür, dass es den Alten für den Rest ihres Lebens an nichts fehlte.

Katz und Maus in einem Haus

Eine Katze und eine Maus suchten sich ein Häuschen und zogen zusammen.

Als es Herbst wurde, wollte die Maus einen Wintervorrat anlegen. Die Katze war einverstanden. Sie besorgten Nüsse und Mehl, Salami, Käse und Nudeln, Tee und Wein und Apfelmost. Das Beste aber war ein großer Topf mit süßer Sahneleckerei: ganz unten feine Schokoladencreme, in der Mitte dicke Vanillecreme und eine knusprig gebrannte Zuckerdecke obendrauf. Nun war der Topf so groß, dass er nicht zu den übrigen Vorräten ins Haus passte. Also brachten sie ihn in die Kirche nebenan und versteckten ihn in einer dunklen Ecke hinter dem Altar. In der Kirche war es kalt und sie wurde nur selten besucht, ein besseres Versteck gab es nicht. Dort sollte der Topf nun bis Weihnachten bleiben.

Von Stund an aber fand die Katze nachts keinen Schlaf mehr. Immerzu musste sie an den Topf denken.

Tage später zog sie ihr bestes Kleid an und sprach zur Maus:

„Höre, meine Gute: Meine Cousine hat ein Kindchen bekommen. Heute soll es vornehm getauft werden und ich bin Pate. Ich gehe also in die Kirche. Bleib du lieber daheim, es wird viel Verwandtschaft da sein, etwa dreißig Leute. Du weißt ja, nicht jeder denkt über Mäuse so wie ich."

Der Maus war das alles ganz logisch. Auf keinen Fall wollte sie auch nur eine Minute mit lauter unfreundlichen Katzen in einem Raum verbringen. Sie dachte sich: „Gut, dass meine liebe Freundin dabei ist, so wird sie ein wachsames Auge auf unseren Vorrat haben."

Sie vertrieb sich die Zeit mit Hausputz, buk einen Nusskuchen und saß, als es dunkel wurde, noch ein Stündchen vor dem Fernseher und sah sich eine Ratesendung an.

Die Katze lief in die Kirche zum Sahnetopf und stillte ihre Gier, indem sie die knusprige Zuckerschicht abschleckte. Dann ging sie ins Casino und spielte Poker. Spät am Abend kehrte sie heim und war bester Laune. Die Maus wollte alles wissen, was es zu wissen gab.

„Oh, es war prächtig!", schwärmte die Katze. „So ein süßes

Kindchen! Braun wie gebrannter Zucker, außer am Kopf, da guckt ein wenig helles Fell durch. Und es hat einen guten Namen! Es heißt nämlich Karamella."

Die Maus freute sich, dass es der Katze so gut ergangen war. Obwohl sie einfache Namen wie Klara oder Marie oder Peter bevorzugte.

Schon bald plagten die Katze wieder schlaflose Nächte. Erneut machte sie sich fein und sprach zur Maus: „Meine Gute, höre zu: Meinem Onkel ist ein Töchterchen geboren. Heute wird es getauft. Ich habe die Ehre, Patin zu sein. Ich gehe also in die Kirche. Mühe dich nicht und bleibe lieber hier, es werden ungefähr vierzig Leute da sein, du weißt schon."

Die Maus wusste schon und bügelte der Katze noch flink den Spitzenkragen für das schöne blaue Kleid, damit sie auch angemessen vornehm daherkam als Patin.

Die Katze ging in die Kirche, fraß die Vanillecreme und vertrieb sich den Rest des Tages in einer Modenschau für übergewichtige Katzen.

Die Maus machte sich keine Sorgen, dafür aber alles rein und wusch auch die Gardinen. Und weil es wieder eine Ratesendung gab, hatte sie am Abend keine Langeweile.

Die Katze kam heim, ein wenig rund um die Hüften, doch sehr vergnügt. Die Maus wollte alles wissen, wie das nun so ist, wenn zwei in einem Haus leben.

Die Katze berichtete artig: „Oh, es war wunderbar! Ein Kindchen von ganz und gar hellem Fell, außer am Schwänzchen, da schimmert es braun durch. Der Name ist vortrefflich: Vanilla. Was sagst du dazu?"

„Wie schön!", meinte die Maus treuherzig, obwohl sie den Namen aufgeblasen fand.

Nach wenigen Tagen nur suchte sich die Katze ein glänzendes dunkles Kleid heraus.

„Ist euch wieder ein Kind geboren?"

„Du sagst es, meine Liebe! Mein Vetter hat ein Söhnchen bekommen. Ich muss in die Kirche zur Taufe,

denn ohne mich geht es nicht. Ich bin Pate."

„Geh du nur, aber zieh dich warm an, es ist Winter geworden. Ich bleibe hier, es sind mir zu viele Katzen dort", sprach die Maus und reichte der Katze ihren warmen Schal, dass sie sich nicht erkälte.

Die Katze verschwand in die Kirche, fraß den Topf, in dem nur noch die Schokoladencreme war, ganz leer und ging danach ins Kino. Die Maus war indessen fröhlich zu Hause, putzte und machte und tat und hängte Strohsterne auf, denn die Adventszeit war angebrochen.

Als die Katze heimkam, schnaufte sie, vollgefressen wie sie war, die Treppe hinauf. Und als die Maus sie bat, von dem großen Festtag zu berichten, rang sie japsend nach Luft. „Ach, es war wunderbar!", stöhnte sie. „Ein prächtiger Junge mit dem braunsten Fell, dass du dir denken kannst. Othello ist er getauft. Ach, wir sind schon eine prächtige Familie, wir Katzen!"

„Wie schön!", sagte die Maus und dachte: Klaus ist auch ein schöner Name. Aber naja.

Weihnachten rückte heran und keine Taufen fanden mehr statt.

„Komm, du liebe Katze. Lass uns den süßen Topf aus der Kirche holen!", schlug die Maus am Weihnachtstag vor. „Heute ist genau der Tag für eine solche Köstlichkeit!"

Die Katze aber sprach: „Müh dich nicht. Du mit deinen kurzen Beinchen in dem hohen Schnee. Ich werde gehen und den Topf holen. Deck du derweil den Tisch und mach alles schön."

Die Maus war einverstanden. Sie deckte den Tisch ein, stellte überall Kerzen auf und zog ein feines Kleid an. Bald darauf kehrte die Katze zurück, hatte den Topf unter dem Arm klemmen und sah todunglücklich aus.

„Wir sind bestohlen worden!", jammerte sie. Sie zeigte der Maus den leeren Topf und wischte sich die falschen Tränen ab. An diesem Weihnachtsabend gab es nur Käsebrot im Haus von Katz und Maus. Die Maus ging früh zu Bett, aber einschlafen konnte sie nicht, denn sie hörte, wie der Katze im Zimmer nebenan der Magen knurrte.

„Karamella, Vanilla, Othello", ratterte es in ihrem Hirn. Und da die Maus so versessen auf Ratesendungen war, zählte sie eins und eins und eins zusammen.

In aller Stille schlüpfte sie aus dem Bett,

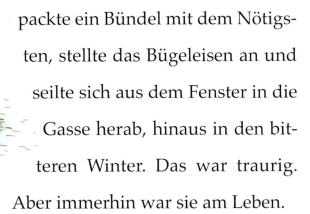

packte ein Bündel mit dem Nötigsten, stellte das Bügeleisen an und seilte sich aus dem Fenster in die Gasse herab, hinaus in den bitteren Winter. Das war traurig. Aber immerhin war sie am Leben. Sie zog zu ihrer Tante Mechthild, kaufte sich eine Schreibmaschine und schrieb ein Buch mit dem Titel: Traue keiner Katze. Das Buch verkaufte sich millionenmal. Die Maus wurde reich und lebte glücklich. Manchmal fragte sie sich, ob der Katze damals wohl das Dach über dem Kopf abgebrannt war.

Henry XXXII.

Einst, als die Bäume im Wald noch Eichbäume waren und so dick wie Türme, machten ein Vater und ein Sohn sich in der Herbstzeit auf den Weg nach Schottland zur Jagd. Der Vater hieß Charles, der Sohn William.

Die Bäume knarrten, die Luft war klar und schon recht frostig. Endlich trafen sie mit ihren Hunden an der Jagdhütte ein. Die alte Haushälterin Miss Marble erwartete sie und hatte eine gute Suppe gekocht. Miss Marbles Kater Henry lag dick und faul auf einem Kissen neben dem Ofen.

In den folgenden Tagen schossen Charles und William viele Rebhühner und Enten. Miss Marble rupfte von früh bis spät das Geflügel und belud damit den Räucherofen.

Einmal nahmen Vater und Sohn getrennte Wege. William wollte den Wald durchstreifen, Charles an den Fluß und fischen.

Vergeblich wartete Charles am Abend auf William. Zur Brotzeit kehrten Wil-

liams Hunde allein zurück. Es wurde dunkel, es wurde Mitternacht und das Essen kalt. Gerade wollte Charles aufbrechen, seinen Sohn zu suchen. Da öffnete sich die Tür und William erschien, erschöpft und hungrig, ansonsten aber unversehrt.

„Goodness Sohn! Was ist passiert?", rief Charles außer sich. William antwortete zunächst nicht. Der Vater rückte ihm einen Sessel an den Herd und legte Holz nach, damit dem Jungen warm werde, stopfte sich eine Pfeife und setzte sich zu ihm. Endlich begann William zu erzählen: „Vater, du glaubst niemals, was ich heute Nacht sah. Ich kann es selbst kaum glauben! Ich ging durch den Wald und verlief mich im Nebel. So geriet ich auf eine Lichtung. Dort stand ein gewaltiger Baum, höher und breiter als die größte Kirche!"

Miss Marbles schwarzer Kater Henry sprang auf den Herdstein, kein bisschen schläfrig und faul wie sonst. Er sah William erwartungsvoll an, mit leicht gerunzelten Brauen, wie es schien. Leise peitschte sein Schwanz.

„Plötzlich erstrahlte die Lichtung in hellem Licht", fuhr William fort. „Der Lichtschein kam aus dem Baum. Ich kletterte hinauf. Stell dir vor, der seltsame Baum war innen hohl und ein Festsaal! Geschmückt mit Blumen und Kränzen, erleuchtet von tausend hellen Kerzen. Ich vernahm einen gar schaurigen Gesang. Dann sah ich den Sarg. Einen kleinen Sarg von erlesenstem Holz, verziert mit goldenen Beschlägen. Es bestand kein Zweifel: hier wurde ein König zu Grabe getragen."

„Das muss ein kleiner König gewesen sein!", unterbrach Charles die Erzählung seines Sohnes.

„Wenn du wüsstest!", versetzte William. Miss Marble reichte ihm einen Krug warme Milch und er goss sich ein großes Glas davon ein, nahm aber nur einen kleinen Schluck.

„Was ist nur mit diesem Kater? Wenn ich es nicht besser wüsste, würde ich denken, er hört uns zu und versteht jedes Wort!", wunderte sich Charles. In der Tat war Henry näher herangerückt und saß nun hoch aufgerichtet zwischen ihnen. Wie jemand, der eine spannende Geschichte zu hören bekommt und wissen will, wie sie ausgeht.

„Vielleicht tut er das tatsächlich. Hör gut zu! Jetzt kommt das Allerseltsamste!" William senkte die Stimme: „Der Sarg wurde von Katzen getragen. Nicht irgendwelche Katzen. Feine Leute waren das, gekleidet in Samt und Kaschmir!"

Weiter kam er nicht. Henry hatte sich auf die Hinterpfoten gestellt. Er hob Williams Milchglas ans Maul und stürzte den Inhalt in einem Zug hinunter.

„Goodness!", rief er. „Der alte Peter hat ins Gras gebissen! Und ich bin der König der Katzen!"

In den alten Geschichten über diese Begebenheit steht geschrieben, Henry sei den Kamin hinauf geschossen und nicht mehr gesehen worden.

Nun, in dem Kamin brannte aber ein tüchtiges Feuer und Henry war nicht blöd.

Henry XXXII., denn das war sein voller Name, erhob sich sehr würdevoll, stieg vom Herd und zwischen den schlafenden Hunden hindurch. Vor der Tür ließ er sich von Miss Marble einen tiefroten samtenen Umhang umlegen, küsste ihr zum Abschied die Hand – und verneigte sich zum Gruß vor Charles und William. So verließ er die Jagdhütte durch die Tür und ward nie mehr gesehen.

Fürst Sorgenfrei zur Wampe

Ein Bauer hatte einen Kater. Der taugte nicht zum Mäusefangen, schlich sich ins bäuerliche Bett, wann immer er konnte, und verseuchte es mit Flöhen. Stahl Milch, Sahne und Kuchen und kletterte die Gardinen hoch. Zerkratzte das gute Sofa und stieß die geschliffenen Gläser aus dem Regal, wenn er es sich dort oben gemütlich machte.

Nun war dem Bauern im Laufe seines mühseligen Lebens der Kopf kahl geworden. Er ließ sich für viel Geld eine Perücke machen, um in seinen späten Jahren noch einmal auf Brautschau zu gehen. Immer sonntags. Unter der Woche blieb die Perücke im Schrank.

Eines Tages versäumte er, den Schrank zu schließen. Als der Bauer aufs Feld hinausgefahren war, schlüpfte der Kater hinein und besah sich das neue Haar seines Herrn gründlich. Nach Katzenart, mit Krallen und Zähnen. Kurz, er verwandelte die teure Haarpracht in einen fürchterlichen Filzspuk.

Da reichte es dem Bauern. Er steckte den Kater und die unbrauchbar gewordene Perücke in einen Sack, fuhr tief, tief in den Wald hinein und warf alles in die Brombeeren ...

Der Kater hatte sich mühsam herausgebissen und pulte nach den Jutefusseln zwischen den Zähnen. So fand ihn die Füchsin. Verwundert umkreiste sie den Fremden. Ein Tier wie dieses sah sie zum ersten Mal.

„Ich bin die Gräfin von Rostpelz zur Waldesmitte. Sage mir, wer du bist und was du tust!", verlangte sie.

Ihre Stimme klang vornehm und streng. Das gefiel dem Kater. Er deutete eine Verbeugung an.

„Man nennt mich Fürst Sorgenfrei zur Wampe. Ich befinde mich auf Rundreise und besichtige meine kürzlich ererbten Güter. Dieser Wald gehört dazu. Habe die Ehre, Frau Gräfin!"

Der Kater war selbst ganz beeindruckt von seiner Rede. Er hatte wie ein rechter Fürst gesprochen.

„Was hast du da zwischen den Zähnen?", fragte die Füchsin unvornehm neugierig.

„Pferdehaare. Es hat mir gefallen, meinen Kutscher samt Pferd und Wagen zu verspeisen, denn sie handelten meinem Willen zuwider und fuhren mich über zu viele Steine. Unbequemerweise hatte das Pferd dichtes Fell." Der Kater wedelte lässig mit der verfilzten Perücke.

„Was für ein Kerl!", dachte die Füchsin.

„Kannst du kochen, Fürst?", fragte sie ihn streng.

„Wie der Teufel!", behauptete der Kater.

So kam alles, wie es kommen musste. Der Kater zog zur Füchsin und wurde ihr Ehemann. Und sie lebten gut miteinander.

Die Füchsin ging zur Jagd. Der Kater blieb daheim und kochte wie der Teufel. Wenn er Lust dazu hatte. Die verfilzte Perücke hing an einem Haken an der Wand neben dem Ofen. Als die Tage kürzer wurden, jagte die Füchsin länger und öfter, um für sich und ihren prächtigen Mann

einen Wintervorrat anzulegen. Sie traf den Wolf.

„Guten Tag, schöne Frau! Ich habe dich lange nicht gesehen. Was mag wohl der Grund dafür sein?", schmeichelte der Wolf.

„Es geht dich zwar nichts an, aber ich bin verheiratet. Mit dem Fürsten Sorgenfrei zur Wampe! Du wirst sicherlich von ihm gehört haben", gab sie dem Wolf zur Anwort und warf vornehm den Kopf.

„Ach", meinte der Wolf. „Den würde ich mir ja gern mal ansehen!"

„Wirklich?", rief die Füchsin erschrocken. Sie beugte sich zu ihm und raunte: „Weißt du, alter Freund, mein Mann bekommt schnell die Wut! Wenn ihm jemand zuwiderhandelt oder nicht gefällt, frisst er ihn auf. Mit Haut und Haar. Einfach so. Haps!" Sie machte es vor. „Wenn du wüsstest, wen er alles schon verschlungen hat!"

„Wen denn?", wollte der Wolf wissen.

Die Füchsin dachte kurz nach. „Nun, hast du den Förster in letzter Zeit gesehen?"

Das hatte der Wolf nicht. Es war ihm bereits komisch vorgekommen. „Ich dachte, der wäre in die Stadt gezogen."

„Ja, das denken viele", sagte die Füchsin. „Bring ihm einen Braten als Geschenk. Einen Truthahn vielleicht, aber einen fetten. Leg ihn vor unsere Tür und versteck dich, dass er dich nicht sieht und aus einer Laune heraus verspeist. Ich hoffe, ein Truthahn wird reichen!"

Der Wolf trabte los.

Als nächstes traf die Füchsin den Bären. Der hatte vorher den Wolf gesprochen und wusste Bescheid. Aber den wilden Mann von der Füchsin wollte er doch gern sehen. Nun, dachte die

Füchsin, Fleisch haben wir genug, aber mein Mann liebt auch Süßes.

„Bring eine Torte", verlangte sie. „Nicht zu klein! Mit viel Buttercreme. Und lass dich nicht blicken, ich fürchte um dein Leben! Mein Fürst ist auf Bären nicht gut zu sprechen. Doch will ich ein gutes Wort für dich einlegen. Obwohl ich nicht sicher bin, dass eine Torte genügt, ihn milde zu stimmen."

Der Bär machte sich gleich auf den Weg.

Tage später hatten Wolf und Bär alles beisammen und verabredeten sich, gemeinsam zur Füchsin und zu Fürst Wampe zu gehen. Die ganze Sache war ihnen ein wenig unheimlich. Darum hatte der Wolf nicht nur einen Truthahn besorgt, sondern obendrauf noch einen Gänsebraten, eine Ente, drei Wachteln, vier saftige Schinken, acht Salami und einen halben geräucherten Ochsen. Der Bär wiederum hatte es nicht bei nur einer Torte belassen wollen. Er brachte sieben Buttercremetorten, drei Bleche Zuckerkuchen, fünf Dosen Gebäck und vier Rosinenbrote.

„Wir legen ihm die Sachen vor die Tür und lassen ihn sich vollfressen. Wenn er so satt ist, dass nichts mehr in ihn hineingeht, sehen wir ihn uns aus der Nähe an! Nur für den Fall, dass er wirklich so gefährlich ist, wie die Füchsin behauptet", schlug der Wolf vor. Der Bär hielt das für einen klugen Plan. Sie stellten alles vor die Tür von Gräfin und Fürst und versteckten sich hinter den Himbeeren neben dem Haus.

Nun war es so, dass die Füchsin an diesem Tag nicht daheim war, sondern ihre alte Mutter besuchte. Der Kater hatte sich daraufhin einen faulen Tag machen wollen. Als er auf dem schönen Wonneofen vor sich hin träumte, zog zunächst der Duft von Buttercremetorte in seine Nase.

Auf seine Nase konnte der Kater sich verlassen. Sieben Buttercremetorten zählte er, dunkle Schokolade, helle Schokolade, Zitrone, Vanille, Himbeere, Erdbeere, Karamell. Er roch den Zuckerkuchen, das Gebäck in der Dose und die Rosinenbrote. Er erschnupperte den halben Ochsen, die Schinken, die Salami, den Gänsebraten, den Truthahn – ein fetter! –, die Wachteln, die Ente. Oh, wie das duftete! Der Kater glitt vom Ofen zu Boden. Auf dem Weg nach unten streifte sein Ohr die Perücke. Sie rutschte vom Haken an der Wand auf seinen Kopf und blieb dort liegen, ohne dass der Kater es bemerkte. Er kam zur Tür heraus und wollte seinen Augen nicht trauen. Er stand vor dem Paradies! Das Paradies war ein Berg betörender Köstlichkeiten, begann mit einem halben geräucherten Ochsen und hörte mit Buttercremetorte auf. Die oberste Torte zuerst, entschied der Kater und begann den Aufstieg.

„Der ist aber klein!", stellte der Wolf fest.

„Er trägt eine gewaltige Mähne für so einen Winzling. Das bedeutet nichts Gutes", argwöhnte der Bär und flüsterte entsetzt: „Sieh mal! Er bringt sich in Stellung. Er will alles mit einem Mal verschlingen!"

Dann überschlugen sich die Ereignisse. Auf dem Gipfel des Paradieses geriet dem Kater die Perücke über die Augen, als er sich über die Torte beugte. Er erinnerte sich genau, wie es war, als der Bauer ihn in den Sack steckte. Damals war er nicht schnell genug gewesen. Das würde ihm nicht noch einmal passieren. Er machte einen Riesensatz, fauchte und schlug mit ausgefahrenen Krallen wild um sich. Wolf und Bär erschraken. Der Fürst hatte die Raserei!!! Er kam auf sie zugestürzt wie der

schrecklichste aller Geister und hatte ja noch nichts gegessen!!! Sie ergriffen die Flucht quer durch die Himbeeren, rannten, rannten und rannten drei Tage lang und kehrten nie mehr zurück in die Mitte des Waldes.

Die Füchsin kam heim und fand ihren lieben Mann träge im Grase sitzend, die Perücke neben sich, und in den Pfoten graues und braunes Fell, das er sorgsam aus den Dornen gelesen hatte.

„Es waren zwei Herren da und haben einen kleinen Wintervorrat abgeliefert. Allerdings ließ ihr Benehmen zu wünschen übrig. Also machte ich nicht langes Federlesen mit ihnen, du verstehst", erklärte der Kater.

Sie brachten die Vorräte ins Haus, die für den ganzen langen Winter reichen würden. Einen halben geräucherten Ochsen. Einen fetten Truthahn. Obendrauf ein Gänsebraten. Zwei Wachteln. Drei saftige Schinken, sieben Salami. Sechs Buttercremetorten, drei Bleche mit Zuckerkuchen, fünf Dosen Gebäck und drei Rosinenbrote.

Traue keiner Katze

In einem fernen Land, wo die Mäuse nicht das Lesen lernten und daher auch nicht das berühmte Buch *Traue keiner Katze* kannten, wollten eine Katze und eine Maus ihr Leben lang gut miteinander auskommen. So kam es, dass sie einen Vertrag schlossen.

„Ich, Katze, verspreche, keiner Maus nach dem Leben zu trachten und ein guter Mäusefreund zu sein", gelobte die Katze.

„Ich, Maus, verpreche, keiner Katze nach dem Leben zu trachten und ein guter Katzenfreund zu sein", gelobte die Maus.

Das sollte, wie es sich gehörte, mit einem großen Fest gefeiert werden. Die Mäuse bereiteten alles vor, die Katze bekam einen Ehrenplatz und durfte sich etwas wünschen.

Sie wünschte sich ein Mäuseballett.

Das wollten die Mäuse gern für sie arrangieren. Sie zogen ihre Tanzsachen an, fassten einander bei den Pfoten und hüpften los.

„Wie anmutig!", dachte die Katze.

Ach, die zarten Schwänzchen!

Und die Öhrchen!

Wie viele es sind!

Ein Prankenhieb, und ich erwische drei.

Sie schmatzte versonnen.

Der Mäuserich, mit dem sie eine Stunde zuvor den Vertrag geschlossen hatte, hörte das Schmatzen. Da ein großer Teil seiner Familie solchem Geschmatze zum Opfer gefallen war, wusste er, was zu tun war, und rief:

„Alle Mann ins Loch,

die Katze frisst uns doch!"

Und weg waren sie.

Es hat wohl keinen Sinn, das mit den Katzen und den Mäusen.

Die Verfressene

Auf einem Hof hoch im Norden lebte eine Katze, die fraß so viel und immer mehr, dass es den Leuten unheimlich mit ihr wurde und sie den Plan fassten, das Tier zu ersäufen. Einen Teller Grütze noch, dann wollte ihr der Mann einen Stein um den Hals binden und sie in den Fjord werfen.

Die Katze verputzte die Grütze im Nu und spazierte in den Hof. Da war der Mann und strich den Zaun.

„Na, Katze, hast du schon gefressen?", wollte er wissen.

„Ein bisschen Grütze, aber satt bin ich noch nicht", gab die Katze artig zur Antwort, fraß den Mann samt Pinsel und ging in den Garten. Da war die Frau und pflückte Beeren.

„Ach, Katze", sprach die Frau. „Rund siehst du aus. Hast du schon gefressen?"

„Nur Grütze und den Mann", schnurrte die Katze, verschluckte die Frau und schlenderte in den Stall zur Kuh.

„Guten Morgen, Katze. Wohl siehst du aus. Hattest wohl etwas Gutes?", muhte die Kuh freundlich.

„Nicht genug. Nur Grütze, Mann und Frau!", beschwerte sich die Katze, und Haps!, hatte sie die gute Kuh in ihrem Magen.

Nun zog die Katze in die Welt hinaus, um zu sehen, was sie finden würde. Hinter der nächsten Wegbiegung fand sie den Bären, der in der Sonne lag und schlief.

Die Katze fraß ihn auf.

Sie ging weiter und verschlang das Eichhörnchen, den Maulwurf, den Wolf, den Mistkäfer, den Dachs, das Pferd vom Bürgermeister und einen entlaufenen Zirkuselefanten.

Der Pastor eilte an ihr vorbei. Als er die Katze so sah, musste er doch erstaunt stehenbleiben und sie fragen.

„Ach Katze, wie rund dein Bauch ist. Du hattest wohl gutes Futter?"

„Na ja", meinte die Katze. „Viel war es heute noch nicht. Nur Grütze, Mann, Frau, Kuh und Bär, Eichhörnchen, Maulwurf, Wolf, Mistkäfer, Dachs, das Pferd vom Bürgermeister und einen Zirkuselefanten. Da kann ich dich auch noch verspeisen!" Und ehe der Pastor zum Herrn gebetet, hatte die Katze ihn heruntergeschlungen.

Mühsam wälzte sie ihren schweren Leib bis vor die Kirche und traf eine Hochzeitsgesellschaft. Das waren eine Menge Leute, die da auf den Pastor warteten, der aber nicht kam. Als die Gäste die vollgefressene Katze sahen, lachten sie und scherzten: „Na, Katze, du bist so fett, hast wohl den Pastor unterwegs verschlungen."

„Ja, hab ich!", rief die Katze zurück. Und zählte auf, wen sie noch alles im Magen hatte. Da lachten die Leute noch lauter und die Kapelle spielte eine lustige Musik.

Mit Musik frisst sich's noch besser, auch wenn das Essen nicht fetter wird, dachte die Katze, rollte ihre Zunge heraus, schob sie unter den Brautzug und fuhr die Zunge samt Hochzeitsgesellschaft in ihr Maul.

„Schluss mit lustig!", sagte sie und wälzte sich ins nächste Dorf, wo ein Trauerzug sich versammelte. Auch sie warteten auf den Pastor.

„Anfang und Ende!", grüßte die Katze. „Alle anderen habe ich schon verspeist." Haps!, und weg waren sie.

Nacht war es und die Katze hungrig, als der Mond aus den

Wolken schien. Den verschlang sie, ohne sich lange mit ihm zu unterhalten. Am Morgen, als die Sonne aufging, verschwand auch sie im unersättlichen Katzenbauch.

Da war es finster in der Welt.

Die Katze schleifte ihren geschwollenen Leib über eine Brücke.

In der Mitte traf sie einen jungen Ziegenbock.

„Katze, du frisst zuviel!", rief das Böckchen.

„Ach was! Ich hab nur Kleinigkeiten verspeist! Nichts zum Sattwerden. Grütze, Mann, Frau, Kuh und Bär, Eichhörnchen, Maulwurf, Wolf, Mistkäfer, Dachs, das Pferd vom Bürgermeister und einen Zirkuselefanten, den Pastor, die lustige Hochzeitsgesellschaft, den Trauerzug, Mond und Sonne. Jetzt bist du dran!" Die Katze versuchte sich herumzuwälzen.

„Bleib nur, wo du bist. Ich gehe einmal um dich herum, und springe dir ins Maul! Entkommen kann ich dir ja doch nicht!", bot der Ziegenbock an.

Die Katze war einverstanden.

Der Bock ging hinter der Katze in Stellung.

„Wo bleibst du, Ziegenbock? Mir knurrt der Bauch!", grollte die Katze.

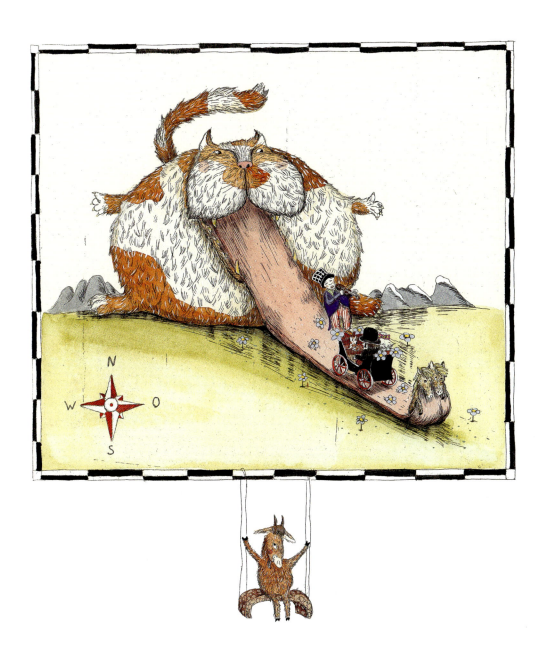

„Ich nehme nur Anlauf, dass ich schneller bei dir bin!", rief der Ziegenbock und senkte die Hörner.

„Wo bleibst du, Bock? Der Hunger plagt mich!", knurrte die Katze.

„Ich senke den Kopf, dass ich dir besser ins Maul geflogen komme!", rief der Ziegenbock, lief los und rammte die Katze nach Böckchenart mit aller Kraft in den Hintern.

Die Katze zuckte mit der Wimper, strauchelte, fiel von der Brücke nach unten – und zerplatzte.

Alle, die sie zuvor verschlungen hatte, kamen herausgepurzelt und waren froh, das Licht wiederzusehen. Da ihnen nichts weiter geschehen war, ging ein jeder von ihnen nach Haus. Nur der Tote im Sarg nicht. Der wurde zum Friedhof getragen.

Einen Orden für Frau Katze

In Venedig waren einst zwei Katzen eng befreundet. Beide wohnten im Hof einer Schusterwerkstatt und hatten im Frühjahr gesunden Nachwuchs zur Welt gebracht. Doch ein Unglück geschah. Während der Jagd rutschte eine der Mütter aus und fiel ins Wasser. Die Freundin, die ihr nachsprang, konnte sie nicht retten. So nahm sie denn die verwaisten Jungen zu sich. Säugte, putzte, wärmte, hegte und pflegte sie wie ihre eigenen und lehrte sie auch das Jagen. Es wurden starke und gute Kinder.

Die Geschichte kam dem Stadtrat zu Ohren. Er ging in den Hof der Schusterwerkstatt und überzeugte sich mit eigenen Augen von dem, was die Leute für ein Wunder hielten. „Einen Orden für Frau Katze!", entschied er. Am Tag darauf verlieh er der fürsorglichen Katzenmutter einen Orden und befahl, dass sie Zeit ihres Lebens einen täglichen Teller fette Milch bekommen sollte. Nach ihrem Tode ließ er ihr ein Denkmal aus weißem Marmor errichten.

Es heißt, es steht noch heute dort, verwittert und vermoost, verborgen hinter halb verfallenen Mauern, und wer von den Menschen es findet und seine Hand darauf legt, dem wird das Herz groß und furchtlos.

Prinz Katt und seine Brüder

Ein König und eine Königin wünschten sich ein Kind, bekamen aber keines. Der König beschloss, sein Haar nicht mehr zu schneiden bis zu dem Tag, an dem er doch noch Vater würde. Jahre vergingen. Das Haar wuchs und wuchs und wuchs zum Schlosstor hinaus. Eines Morgens entdeckte der König ein erstes weißes Haar darin und riss es heraus. Da sprach das Haar zu ihm: „Fahre hinaus zum Fischen. Binde mich als Angelschnur an eine Rute. Nach dem dritten Fisch kehre heim, bereite den Fang selbst zu und lass die Königin davon essen. Achte darauf, dass nur sie davon isst, und du wirst mit drei Söhnen gesegnet sein."

Der König ging, machte eine Angel aus Haar und Rute und fuhr hinaus aufs Meer. Tatsächlich fing er drei Fischlein, brachte sie in die Küche und holte die Königin hinzu. Allerdings kannte er sich in der Küche nicht aus und musste nach jedem Messer, jedem Gewürz lange suchen. Den ersten Fisch stahl die Katze, den zweiten die Magd. Den dritten schließlich verschlang die Königin, bevor jemand anderes es tat. Der König wollte sein weißes Haar um Rat fragen, doch der Zauber war erloschen. Es sprach nicht mehr mit ihm.

Neun Monate später gebaren Katze, Magd und Königin gesunde Söhne. Der König schnitt sein Haar. Die Königin webte drei Hemden daraus, fest wie Rüstungen.

Die Brüder wuchsen zu ansehnlichen Prinzen heran. Am schönsten und klügsten aber war der von der Katze geborene Prinz Katt. Als die Jungen alt genug waren, legten sie die festen Hemden aus Haar an und zogen in die Welt.

Sie kamen in ein ödes Land, in dem die Apfelbäume verdorrt waren, und dort an einen wilden Fluss, über den eine Brücke führte. Auf der gegenüberliegenden Seite fanden sie ein Haus mit einem gedeckten Tisch, doch es war niemand daheim.

Weil sie hungrig waren, aßen sie sich satt. Dann bereiteten sie sich ein Nachtlager unter der Brücke.

„Haltet die Augen offen, Brüder. Hier stimmt etwas nicht!", mahnte Katt. Doch die Brüder schliefen ein und er musste allein Wache halten.

Als die Nacht am finstersten war, erschien auf der Brücke eine Drachin mit zwölf Köpfen. Prinz Katt blieb nichts übrig, als mit ihr zu kämpfen und ihr alle Köpfe abzuhauen. Erst dann legte auch er sich schlafen.

Am nächsten Tag ritten die Brüder weiter. Als die Sonne unterging, Reiter und Pferde ermattet waren vom langen Weg, kamen sie an einen wilden Fluss, über den eine Brücke führte. Auf der gegenüberliegenden Seite fanden sie dasselbe Haus mit dem gedeckten Tisch und es war niemand daheim. Sie waren im Kreis geritten! Was sollten sie tun? Sie aßen sich satt und lagerten unter der Brücke. Wieder schliefen die Brüder ein. In dieser Nacht musste Katt mit einer fünfzehnköpfigen Drachin kämpfen.

Am nächsten Tag ritten sie noch weiter, noch länger, nur, um an derselben Brücke anzukommen.

„Wenn ihr wieder einschlaft, werden wir ein Leben lang unter dieser Brücke nächtigen!", warnte Katt.

Sie aßen nur wenig und blieben alle wach. In der Nacht erschien eine Drachin mit zwanzig Köpfen. Dieses Mal kämpfte Katt nicht allein. Gemeinsam bezwangen sie das Untier.

„Nun ist der Bann gebrochen. Morgen ziehen wir weiter!", freuten sich die Brüder und legten sich unter der Brücke zur Ruhe.

Prinz Katt schlief nicht. Er wusste: Drachenköpfe, die man abschlägt,

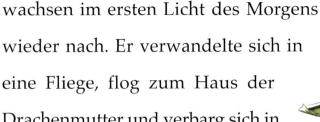

wachsen im ersten Licht des Morgens wieder nach. Er verwandelte sich in eine Fliege, flog zum Haus der Drachenmutter und verbarg sich in einer Ritze. Bald kamen die Drachinnen, die er und seine Brüder in den Nächten zuvor bezwungen hatten, heim und klagten der Mutter ihr Leid. Das alte Ungeheuer zeigte nacheinander auf jede ihrer Töchter und befahl: „Du verwandelst dich in einen Apfelbaum, du in ein kühles Haus und du in eine Quelle. So werdet ihr die Königssöhne anlocken und verderben."

Am Morgen weckte Katt seine Brüder und berichtete ihnen die erlauschten Pläne. Mit gezogenen Schwertern ritten sie los. Als sie auf einen Apfelbaum zukamen, der als einziger duftende Früchte trug, zerhieben sie ihn zu Spänen. Als sie in der Mittagshitze auf das kühle Haus trafen, zerhieben sie es. Als sie die kühle Quelle fanden, zerhieben sie diese. Da kam die Drachenmutter selbst, das alte Ungeheuer, und wollte Rache nehmen. Prinz Katt und seine Brüder jagten sie über Stock und Stein ins nächste Dorf. Die alte Drachin rannte in die Schmiede, um Feuer zu fressen, damit sie es über ihre Feinde speien

konnte. Prinz Katt verschloss ihr Maul mit einem eisernem Zaun, sperrte sie in die Esse und verbrannte das Untier bis auf die letzte Schuppe.

Da war das Land erlöst von der Drachenplage und die Freude groß. Die Apfelbäume blühten auf, die Lämmer hopsten auf den Weiden. Das Volk feierte die drei Helden. Der König gab ihnen seine Töchter zur Frau und teilte sein Reich. Prinz Katt bekam die jüngste, schönste Königstochter, von der es hieß, sie sei einer Katze ähnlich.

Die jungen Herrscher hörten auf, ihr Haar zu schneiden, damit sie es einst für ihre Töchter und Söhne zu festen Hemden weben lassen konnten, und alle Männer in den Königreichen taten es ihnen nach. Und wenn du heute einen Mann mit langem Haar triffst, dann weißt du wohl, woher das kommt.

Die falsche Mutter

Es waren einmal zwei Mädchen, die lebten mit ihrer Mutter und dem kleinen Bruder am Rande eines Bambuswaldes. Eines Tages sprach die Mutter zu den Mädchen: „Ich will zur Großmutter gehen und ihr Reis und Wein bringen! Ihr hütet das Haus, bis ich zurück bin!"

Die Töchter versprachen es. Die Mutter nahm den kleinen Bruder, packte Reis und Wein in einen Korb und machte sich auf den Weg. Unterwegs traf sie den Panther.

Wohin sie gehe und was sie wolle, wo sie daheim sei und ob sie noch mehr Kinderchen habe, wollte er wissen.

Die Mutter ließ sich ausfragen, denn der Panther schien sehr freundlich. Er bot ihr einen Platz im Gras an. Da die Sonne hoch stand, setzte die Mutter sich nieder, nahm den kleinen Bruder auf den Schoß und verschnaufte.

„Lass mich dein Haar kämmen", bat der Panther. Er fuhr ihr von hinten mit den Krallen durchs Haar. Dann fraß er die Mutter und den kleinen Bruder. Dazu gab es Reis und feinen Wein. Schließlich zog der Panther die Kleider der Mutter an und warf die Knochen des Brüderchens in den Korb. So ging er zum Haus, klopfte an und rief: „Macht auf! Eure Mutter ist heimgekommen!"

Die Mädchen aber schauten erst durch eine Ritze in der Wand und erschraken. „Wir machen nicht auf! Unsere Mutter hat Augen wie Mandeln, nicht so große und runde wie deine! Du bist der Panther!", riefen sie.

Der Panther aber flötete: „Ach, das kann ich euch erklären. Ich war doch bei der Großmutter! Da hatten die Hühner solch riesige Eier gelegt, dass ich die Augen so weit aufreißen musste, um sie ganz zu sehen!"

Die Mädchen aber schüttelten die Köpfe. „Unsere Mutter hat keine Flecken im Gesicht!"

Auch das wusste der Panther zu erklären. „Kinder, bei der Großmutter habe ich das ganze Haus geputzt. Und das war auch dringend nötig. Den Schmutz habe ich immer noch im Gesicht!"

„Wir machen nicht auf! Du hast so große Füße! Unserer Mutter Füße sind klein und zart!", riefen die Mädchen.

„Ist das ein Wunder? Ich lief den ganzen Weg zur Großmutter und zurück mit dem schweren Korb unter dem Arm und eurem Bruder auf den Schultern!", kam es zurück.

Dann muss es wohl doch die Mutter sein, dachten die Mädchen und öffneten die Tür. Die seltsame Mutter kam herein und tat freundlich, machte ihnen aber nichts zu essen. Als die Mädchen im Bett lagen, zog der Panther ein paar Knochen aus dem Korb und nagte sie.

„Was isst du, Mutter?", fragten die Mädchen hungrig.

„Rüben!", antwortete der Panther und warf ihnen ein Rübenstück ins Bett.

Es war aber ein Knochen vom kleinen Bruder. Die Mädchen wussten es sofort und fürchteten sich. Sie warteten bis die falsche Mutter schlief, schlichen hinaus in den Hof und kletterten hoch in den Bambuswald. Als sie weit genug oben waren, riefen sie: „Mutter, komm und sieh! Unser Nachbar feiert ein Schlachtfest und tanzt mit allen Tieren!"

Die falsche Mutter kam auch und wollte gerade mit scharfen Krallen den Baum hinauf, als sie sich besann.

„Wie soll ich dort hinauf?! Ich kann nicht klettern, das wisst ihr doch!" Sie war sehr ärgerlich, dass sie von dem Fest nichts zu sehen bekam.

Die Mädchen ließen einen Ziehkorb herab und hießen sie, sich hineinzusetzen. Sie zogen den Korb zur Hälfte hinauf, schlangen das Seil um einen Ast und schwangen den Korb hin

und her. Da saß der Panther in der Klemme. Wollte er sich nicht das Genick brechen, musste er seine Tarnung aufgeben. So riss er sich die Kleider herunter und schwang sich zu Boden.

„Wartet nur, bis ich heimkomme!", fauchte er und sprang in langen Sätzen davon.

Die Mädchen kletterten hinab und weinten. Ein Nadelverkäufer ging am Haus vorbei, hörte das Weinen und fragte nach dem Grund.

„Mutter und Brüderchen hat der Panther gefressen. Einmal haben wir ihn verjagt. Doch heute Abend wird er kommen und dann frisst er auch uns!", weinten die Mädchen.

„Weint nicht. Nehmt diese Nadeln und steckt sie in das Stuhlkissen, die Spitzen nach oben. Das wird helfen", versprach der Nadelverkäufer und gab ihnen ein Säckchen.

Die Mädchen glaubten nicht, dass das genug war, und weinten weiter, bis ein Skorpionfänger kam und wissen wollte, was der

Grund für all die Tränen sei. Als er alles gehört hatte, gab er den Mädchen eine kleine Schachtel mit Luftlöchern drin.

„Stellt die Schachtel geöffnet neben die Laterne. Das wird helfen."

Die Mädchen waren sich aber nicht sicher, dass es helfen würde, und weinten weiter, bis ein mitleidiger Eierhändler ihnen ein Ei überließ.

„Legt das in die Herdasche. Das wird helfen."

Nun hatten die Mädchen schon einige Dinge, die helfen sollten. Dennoch liefen ihnen die Tränen. Ihr Wehklagen rührte einen Schildkrötenhändler und er schenkte ihnen eine Schildkröte.

„Setzt sie in das Wasserfass im Hof. Das wird helfen."

Zum Schluss kam ein Mann, der mit Dachsteinen handelte. Er gab den Mädchen zwei schwere Steine.

„Legt die über das Tor zur Straße. Das wird helfen", sagte er.

Da hatten die Mädchen keine Tränen mehr und machten sich daran, alles so zu tun, wie es ihnen geraten worden war. Sobald sie damit fertig waren, kletterten sie hoch in den Bambuswald. Als die Sonne sank, kam der Panther.

„Ich bin zu Hause, Kinder! Und ich bin hungrig!", rief er, begab sich an den Tisch, rückte den Stuhl zurecht – und fuhr hoch vor Schmerz, als er sich auf die Nadeln setzte. Fluchend nahm er die Laterne, um sein Hinterteil zu betrachten, denn er wollte sehen, wer ihn da gebissen hatte. Der Skorpion schlüpfte aus der Schachtel und stach ihn in die Pfote. Der Panther sprang zurück und fiel gegen den Herd. Das Ei platzte und spritzte ihm ins Auge. Nichts wie raus!, dachte er, lief in den Hof und hielt seine Pfote zum Kühlen ins Wasserfass. Da biss die Schildkröte hinein. Er wankte zum Tor hinaus, die Dachsteine fielen auf ihn herab und er war auf der Stelle tot.

Die Mädchen schüttelten die Knochen der

Mutter aus dem Panther, sammelten auch die vom kleinen Brüderchen zusammen und legten alle ordentlich nebeneinander. Am Morgen waren Mutter und Brüderchen wieder ganz und lebendig. Nur der Mutter fehlte ein kleines Stück vom Zeh, das war wohl im Panther geblieben.

Der Kater in Stiefeln

in Müller starb und hinterließ seinem

Sohn die gutgehende Mühle, der Tochter aber nur einen Kater. Darüberhinaus besaß sie nichts weiter als ein Paar Stiefel, die sie als Kind getragen, ein Töpfchen Schuhfett und eine kleine Schachtel mit Nadel, Schere und Garn. Das alles steckte sie in einen leeren Mehlsack und suchte sich im Wald eine Zuflucht in einem hohlen Baum. Da saß sie nun und war traurig.

Der Kater aber sprach zu ihr: „Gräme dich nicht, Müllerstochter. Gib mir Stiefel und Sack, dann will ich gut für dich sorgen."

Das Mädchen dachte: Wer schon einen sprechenden Kater hat, kann ihm auch Schuhe schenken. Sie nahm die alten Kinderstiefel und richtete sie her: erneuerte die Nähte, fettete das Leder und schlug es weich. Am Ende war das Schuhwerk wie neu und passte dem Kater wie angegossen. Sie gab ihm auch den Mehlsack.

Der Kater zog aus zur Jagd und fing Kaninchen und Rebhühner, Kohlköpfe, Weizenbrote und Wurst. Aus dem Kaninchenfell

machte die Müllerstochter ein Paar Pantoffeln.

„Ach, schenk sie mir. Du wirst es nicht bereuen!", bat der Kater das Mädchen. Weil er so gut für sie sorgte, gab sie ihm die Schuhe, ohne lang darüber nachzudenken. Der Kater aber lief zum alten König und brachte ihm die Puschen als Geschenk: „Mit besten Grüßen von meiner Herrin, der Gräfin vom Baum!"

Der König stieg in die Pantoffeln und rief froh: „Nie mehr kalte Füße! Nie mehr Reißen in den Knochen! Sag deiner Herrin, ich stehe tief in ihrer Schuld!"

Auf der nächsten Jagd fing der Kater mit dem Sack einen Ochsen. Das Mädchen freute sich: „Mein Kater, du bist ein Meister! Wieviel Leder wir davon haben werden! Genug für Stiefel und Schuhe."

Für Wochen hatten sie reichlich Fleisch, und als das Leder gegerbt war, machte das Mädchen ein Paar Stiefel.

„Die sind eines Königs würdig! Schenk sie mir doch!", schmeichelte der Kater.

„Das hast du schön gesagt, mein Kater!", sprach das Mädchen und gab sie ihm.

Der Kater lief ins Schloss zum alten König.

„Ein paar Jagdstiefel für deinen Sohn, den Prinzen. Von meiner holden Herrin, der Gräfin vom Baum!", verkündete er.

Der König ließ den Prinzen die Stiefel anziehen. Sie passten.

„Deine Herrin muss einen sehr vornehmen Hof führen, wenn sie so vortreffliche Schuster hat", staunte der Prinz. „Die Nähte so fein, der Schnitt vorzüglich. Erlaube mir, dich und die Gräfin am Sonntag zum Ball einzuladen."

„Oh, ich fürchte, das könnte schwierig werden. Meine Herrin kann momentan das Schloss nicht verlassen. Du musst wissen, wir hatten ein großes Unglück – ein Feuer in der Kleiderkammer.

Bis alles wieder neu geschneidert ist, dauert es Wochen. Meine Herrin hüllt sich derweil in Sackleinen, ein Anblick, den sie niemandem zumuten möchte", log der Kater und machte ein betrübtes Gesicht.

Der junge Prinz wollte die Gräfin nun aber um jeden Preis kennenlernen. Er führte den Kater in die Kleiderkammer des Schlosses und hieß ihn sich aussuchen, was ihm gefiel. Der Kater wählte sorgsam. Daheim gab er der Müllerstochter das Ballkleid und sprach: „Du brauchst Tanzschuhe! Wir sind zum königlichen Ball eingeladen."

Das Mädchen schusterte sich ein feines Paar Schuhe und ging auf das Fest. Der Kater schärfte ihr ein, dass sie die Gräfin vom Baum sei, mehr sollte sie nicht über sich verraten.

Die Müllerstochter und der Prinz tanzten die ganze Nacht. So sehr er sie auch drängte, hielt sich das Mädchen streng an die Worte des Katers und verriet ihm nichts als ihren Namen. Der Kater wiederum lud den Prinzen im Namen der Gräfin auf ihr Schloss ein und gab ihm auch gleich eine Wegbeschreibung.

„Mein Kater, hast du den Verstand verloren?!", rief die Müllerstochter daheim im hohlen Baum. „Woher willst du ein Schloss nehmen?"

„Ich werd es schon besorgen!", versprach der Kater. „Komm morgen dorthin!" Er gab ihr eine Karte, in die er den Weg eingezeichnet hatte, den sie nehmen sollte, nahm den Sack und zog los – in das Reich des mächtigen Zauberers Wendbeutel. Bald schon kam er an einen dichten Wald, in dem Holzfäller die Äxte schwangen.

„Hört her, ihr guten Leute!", rief der Kater. „Eure Herrschaft hat gewechselt! Von heute an habt ihr eine Herrin, die Gräfin vom Baum. Ihr bekommt doppelt so viel Lohn und sechs Wochen Urlaub im Jahr. Wenn ihr das nicht wollt, könnt ihr weiterhin für den alten Giftzauberer schuften!"

Aber das wollten die Holzfäller nicht.

Dasselbe erzählte der Kater den Schnittern auf den Feldern und den Fischern an den Seen. Am Nachmittag näherte er sich

Wendbeutels Schloss. Es war ausnehmend prächtig. Sehr zufrieden mit der Wahl, die er getroffen hatte, sprang er die Steintreppe hinauf.

„Was führt dich her, Kater in Stiefeln?", fragte der Zauberer argwöhnisch.

„Oh, ich habe gehört, du kannst dich in so manches Tier verwandeln", begann der Kater.

„In jedes!", versetzte Wendbeutel und zwirbelte eitel seinen Schnurrbart.

„Allein, so recht glauben kann ich das nicht", fuhr der Kater unberirrt fort. „Du musst wissen, ich verfasse ein Buch über die mächtigsten Zauberer der Welt. Da ich meine Arbeit gründlich zu verrichten pflege, will ich mich vergewissern, ob deine Kräfte so mächtig sind, dass ich dich erwähnen müsste."

Ach, da war der Zauberer wütend und wurde ein Nilpferd.

„Beeindruckend!", sagte der Kater. „Vier Zauberer vor dir haben das auch gemacht."

Das wollte Wendbeutel nicht auf sich sitzen lassen und stand als ganze Ele-

fantenherde da. Der Kater winkte ab. „Kenn ich! Haben mir sieben andere auch schon vorgeführt. Versuch doch mal ein kleines Tier, vielleicht gelingt dir da etwas Besonderes."

Der Zauberer verwandelte sich in eine Hornisse.

„Mach was anderes!", mäkelte der Kater.

Zornig erschien der Zauberer als grüne Maus.

„Oh! Wie interessant! Komm näher! Also, das sah ich noch nie!", rief der Kater. „Dass einer so blöd ist!" Er griff den Zauberer und verschlang ihn.

Als die Müllerstochter zum Schloss hingefunden hatte, erwartete der Kater sie bereits. Wenig später hielt eine königliche Kutsche vor dem Tor und der Prinz stieg aus.

„Hier wohnst du, Gräfin? Ich kam an Feldern, Wäldern und Seen vorbei und sprach mit allen Untertanen, die dich ehren und nur Gutes über dich berichten. Ich möchte dich zur Frau!"

Es gab eine prachtvolle Hochzeit. König und Königin ernannten den Kater zum Minister. Er sorgte dafür, dass Frieden an den Grenzen des großen Reiches und Wohlstand unter Mensch und Tier herrschte.

„Ach, mein Kater, ohne dich säß ich noch im Baum!", sprach die Königin manchmal zu ihm, wenn sie allein waren.

„Ach, Müllerstochter. Ohne dich hätt ich keine Stiefel!", antwortete der Kater dann.

Der Pumavater

Ein Puma, der zaubern konnte, saß am Flussufer und wusch alte Knochen, als ein Korb mit einem Findelkind darin angetrieben kam. Er nahm das kleine Mädchen in seine Höhle und zog es auf. Zunächst nannte er es: „Mein Flusskind." Dann: „Mein Höhlenkind."
Das Mädchen wuchs heran, wurde schön und baute sich eine Waldhütte, denn es wollte leben wie ein Mensch und nicht wie ein Puma.
„Ach, Vater, nun bin ich kein Flusskind mehr und auch kein Höhlenkind", sprach es.
„Das warst du lange genug. Nun bist du ein Waldkind", war des Puma Antwort.
Eines Tages kam der Sohn des Rinderbarons an die Hütte. Er hatte sich im Wald verirrt, war müde und hungrig. Das Waldkind gab ihm zu essen, ließ ihn sich ausruhen und sang für ihn. Da war er von ihr verzaubert.
Bald brachte das Waldkind ihren Liebsten zur Pumahöhle.

Der Junge wunderte sich nicht lange über den ungewöhnlichen Vater, sondern bat ihn um die Hand seiner Tochter.

„Das freut mich zu hören. Ich sage ja", sprach der Puma. „Aber du musst auch deinen Vater, den Rinderbaron, um seinen Segen bitten."

Der Junge seufzte: „Er wird der Hochzeit niemals zustimmen. Für ihn zählt nur, wer reich und von Adel ist!"

„Wenn er ablehnt, frage nach den Gründen und ob ihr heiraten dürft, wenn alle Bedingungen erfüllt sind. Ich komme mit, als Vater der Braut", erklärte der Puma.

So machten sie es.

„Majestät, ich möchte dieses Mädchen heiraten!", verkündete der Junge seinem Vater. Selbst der eigene Sohn hatte diesen eitlen Mann mit Majestät anzureden.

Der Rinderbaron brach in schallendes Gelächter aus. „Sie ist dunkelhäutig, arm, nicht von Adel! Ihr Vater ist ein wildes Tier, und Rinder hat er auch keine!"

Sein Sohn blieb ernst: „Was, wenn sie nicht dunkelhäutig, arm und unedel wäre und ihr Vater Rinder hätte wie du?"

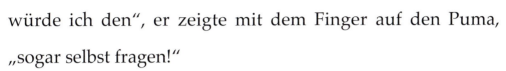

„Dann könntest du sie haben! Mein Wort! Da würde ich den", er zeigte mit dem Finger auf den Puma, „sogar selbst fragen!"

Der Puma war zufrieden. Er lief in die Berge, zum höchsten Gipfel, und brach einen Stein aus dem Mond. Den Mondstein brachte er seiner Tochter und riet ihr, sich von Kopf bis Fuß damit abzureiben. Danach schimmerte ihre Haut hell wie Mondschein.

„Ach, Vater, nun bin ich kein Waldkind mehr."

„Das warst du lange genug. Nun bist du ein Mondkind."

Der Puma schnitzte eine Flöte aus einem Rinderknochen und spielte darauf die ganze Nacht. Bei Sonnenaufgang hatte er sich in einen gewaltigen Stier verwandelt.

„Geh zum Rinderbaron und fordere ihn in meinem Namen zum Kampf der Stiere heraus, muhu! Keine Sorge, er wird dich nicht erkennen", trug er dem Mondkind auf.

Sie ging unerkannt ins Schloss: „In meines Vaters Namen fordere ich dich zum Kampf der Stiere, Majestät! Nach altem

Recht: Deine Herde ist sein, wenn unser Stier gewinnt."

Der Rinderbaron wollte sich schlapp lachen. „Wie will dein Vater das wohl anstellen? Will er sich selbst Hörner aufsetzen? Niemand in diesem Land hat stärkere Stiere als ich. Aber wenn er seine Herde unbedingt loswerden will, meinetwegen."

Er ließ einen mächtigen Kampfstier in den Hof holen. Dort wartete bereits der verwandelte Puma. Als der Kampfstier das schnaubende Ungetüm erblickte, nahm er Reißaus und hüllte Majestät in eine Staubwolke. Der Rinderbaron musste seine Herde wohl oder übel abtreten, und

das Mondkind trieb sie in den Wald.

Dort legte der Puma die Stierhaut ab.

„Das hätten wir", sprach er zufrieden. Er langte einen Adlerknochen aus seiner Kiste und schnitzte eine neue Flöte, spielte die ganze Nacht und wurde zu einem Adler. Mit breiten Schwingen flog er in ein fernes, mächtiges Reich und landete dort am Krankenlager des Königs, der so schmerzenskrank war, dass er sein Bett nicht mehr verließ.

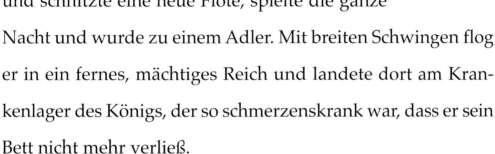

„Jetzt ist es aus mit mir!", jammerte der Kranke. „Ich sehe schon die Geier zu meinen Füßen sitzen!"

Der verwandelte Puma reichte ihm eine Brille. Der König setzte sie auf, erkannte, dass am Fußende kein Todesbote, sondern ein stolzer Adler saß – und ward augenblicklich geheilt.

„Kein Lohn kann den Dienst aufwiegen, den du mir geleistet hast", sprach er dankbar. „Aber wenn es in meiner Macht steht, will ich dir einen Wunsch erfüllen."

„Dann ernenne mich zum König und meine Tochter zur Prinzessin", bat der Adler.

Sofort ließ der König die Adelsbriefe ausstellen und versiegelte sie eigenhändig.

Zurück in seiner Höhle, stieg der Puma aus dem Federkleid. Er höhlte einen Kürbis aus und fing ein paar Meerschweinchen. Danach suchte er tief unten aus der Knochenkiste einen

Menschenknochen heraus. Wieder schnitzte
er eine Flöte, spielte drei Tage und Nächte.

Am Morgen des vierten Tages hatte er sich
selbst in einen stattlichen König verwandelt, den Kürbis zu einer Kutsche geflötet und die Meerschweinchen zu edlen Pferden. Nur das Pfeifen war ihnen geblieben. Er kleidete sich und das Mondkind in kostbare Gewänder. So fuhren sie los und die Rinderherde lief mit.

Als Majestät die feine Kutsche in den Schlosshof einfahren sah und die vielen Rinder entdeckte, eilte er hinaus, um die reichen Gäste zu empfangen. Er riss die Tür auf und machte einen tiefen Diener, als König und Prinzessin ausstiegen.

„Nun, mein Guter, es wird Zeit, dass ich ein ernstes Wort zu
dir rede!", sprach der Puma.

„Habe die Ehre, Exzellenz!", rief Majestät beeindruckt und verbeugte sich noch einmal. Dann wiederholte er das Ganze vor der Prinzessin.

„Schon gut, schon gut! Hör auf, mit dem

Kopf zu wackeln! Du wirst dir noch den Schädel stoßen und ganz wirr werden", meinte der Puma.

"Jawohl, Exzellenz!", versicherte Majestät, knickste artig und fragte lauernd: "Darf ich erfahren, was das für prächtige Tiere sind, die ihr da bei euch habt?"

"Das ist die Mitgift meiner Tochter", erklärte der Puma. "Lasst uns ein paar Schritte auf und ab gehen!"

"Jawohl, Exzellenz, das wollen wir tun!", rief Majestät und hakte den fremden König unter.

"Ich bin hier, euch mein Missfallen kundzutun. Wie könnt ihr euch weigern, meiner Tochter euren Sohn zum Mann zu geben? Ihr solltet froh sein über die Gnade, dass wir euer jämmerlich kleines Reich überhaupt in Erwägung ziehen!"

Das sprach der fremde König, während sie so gingen. Er drückte Majestät die Adelsbriefe in die Hand, damit er sich davon überzeugen konnte, mit welch gewaltigen Herrschaften er es zu tun hatte. Der Rinderbaron las genau und begann, um den Puma herumzuhüpfen.

„Ein bedauernswertes Missverständnis!", stammelte er. „Ich wollte selbst und ganz persönlich, also von Angesicht zu Angesicht, dich, du liebe Exzellenz, um die Hand deiner liebreizenden Tochter für meinen Sohn bitten. Ich wartete nur auf eine günstige Gelegenheit!"

„Diese Gelegenheit sei dir nun gegeben. Du darfst mich bitten!", erlaubte ihm der König.

„Dann bitte ich dich, gnädigster, weisester, wohlmeinendster, in Gold mögest du schwimmender König, gib meinem Sohn deine Tochter zur Frau. Und lass sie diese Herde Prachtkühe mit in die Ehe bringen, und die Kutsche und diese ulkigen Pferde!"

„Ich denke darüber nach. Falls ich Zeit finde", meinte der Puma. Da aber trat ihm das Mondkind auf den Fuß. „Also gut. Meinetwegen", lenkte er ein.

Die Hochzeit fand sicherheitshalber am selben Abend statt.

„Ach, Vater", sprach das Mädchen. „Nun bin ich kein Flusskind, kein Waldkind und kein Mondkind mehr."

„Das bist du lang genug gewesen. Nun bist du Königin. Aber mein Kind, das bleibst du dein und mein Leben lang."

Der Puma lief zurück in den Wald, denn die Menschenhaut juckte so grässlich, dass er sie loswerden musste.

„So eine scheußliche Haut! Winden muss man sich in ihr wie ein Wurm! Nein, Mensch zu sein ist nichts für mich!"

Er tat die Haut ganz zuunterst in seine Zauberkiste. Danach kletterte er in einen Baum und ließ sich von einem Ast schaukeln. Später ging er zum Fluss, um ein paar alte Knochen zu waschen. Das hatte er seit neunzehn Jahren nicht getan. Und wie er so wusch und sang, trieb ein Korb über die Wellen auf ihn zu und er erschrak. Aber er zog ihn doch zu sich heran. Ach, es waren nur nasse Laken, die eine unachtsame Wäscherin in den Fluss hatte treiben lassen.

Die Kattles

Eine große alte Katze lief die Landstraße hinab und ihrer Herrschaft davon, bei der es ihr schlecht ergangen war. Schläge hatte sie bekommen, weil die Mäuse in der Kornkammer schneller gewesen waren als ihre müden Pfoten. Sie traf einen betagten Esel.

„Mein Herr wollte mich zu Wurst machen lassen, weil ich zur Arbeit nicht mehr tauge. Was soll nun werden?", klagte er.

„Tun wir uns zusammen", riet die alte Katze. „Zu zweit ist es besser."

Weil die Katze größer als der Esel war, wollte er ihr vertrauen und war einverstanden. Weiter ging es die Straße hinab.

Ein greiser Hund saß da und jaulte: „An der Autobahn haben sie mich abgeladen wie einen kaputten Kühlschrank!"

„Komm mit uns. Zu dritt kann uns nichts geschehen", sprach die Katze.

Da wanderten sie zu dritt und fanden bald eine weitere Jammergestalt, einen gebrechlichen Hahn.

„Nach all den Jahren soll ich in den Suppentopf! Der Nachbar hat meinen Bauern verklagt. Nun wollte er mich schlachten, weil ich zu viel krähe und er wegen des Lärms Schadensersatz zahlen muss!", gackerte er unglücklich.

„Dann komm mit uns, zu viert sind wir stark!", schlug die Katze vor.

Da kam der Hahn mit. Sie setzten ihre Wanderschaft fort, angeführt von der großen Katze, und trafen noch mehr alte Tiere, die ihren Menschen davongelaufen waren. Eine Kuh, die keine Milch mehr gab, eine Ziege, ein hinkendes Pferd, ein mageres Schwein, ein kahles Schaf, eine Gans, eine Ente und eine weiße Maus ohne Schwanz. Sie beschlossen, zusammen zu bleiben und einander beizustehen. Doch ergab sich daraus ein ernstes Problem.

„Woher nehmen wir unser Futter?", fragten sich die Tiere.
Die große Katze ergriff das Wort: „Wir machen Musik. Wir ziehen durch die Straßen der Menschenstadt und singen. Die Menschen sind ganz scharf auf so etwas, ihr werdet es sehen. Sie geben uns Geld, davon kaufen wir Futter und ein Haus mit einem warmen Ofen drin, einem Schaukelstuhl und was wir sonst noch brauchen."

Die Tiere hörten andächtig zu. Ein Haus war ein guter warmer Unterschlupf. Außerdem hatten Häuser Gärten.

„Ein Beet zum Scharren!", krähte der Hahn.

„Eine Wiese zum Sonnen!", rief der Esel.

Der Hund wollte ein weiches Daunenbett, die Ziege ein Sofa, auf das sie klettern konnte, das Schaf einen Apfelbaum.

„Alles, was ihr möchtet!", versprach die Katze.

„Wir brauchen einen Namen, damit es auch richtig wird", meinte der Esel.

„Die Katze soll uns einen Namen geben. Sie ist die Allerklügste!", entschieden die Tiere.

„Wir nennen uns die Kattles!", verkündete die alte Katze, als wäre dies nie eine Frage gewesen.

Also machten sie sich auf in Richtung der Menschenstadt. Aber zu Fuß sind die großen Städte der Menschen nicht an einem Tag zu erreichen. Sie mussten in einem Wald übernachten. Zum Glück fanden sie einen Baum, der Platz für alle bot. Die Huftiere schliefen mit Hund, Maus, Ente und Gans unten am Stamm, die alte Katze in der Mitte. Ganz oben hielt der Hahn Wache.

Ach, es war eine windige und kalte Nacht. Keine Nacht für müde Knochen. Bald waren alle Tiere wach. Da rief der Hahn von oben: „Ich seh ein Licht! Das könnte ein Haus sein. Vielleicht finden wir dort ein warmes Plätzchen und Futter!"

„Große, alte Katze, was sagst du?", fragten die Tiere.

„Wir gehen hin", entschied die Katze. Auch sie fror.

Die Kattles zogen durch den Wald auf das Licht zu und kamen an ein Haus voller wilder Männer. Es war nämlich ein Räuberhaus, aber das konnten die Tiere nicht wissen. Sie sahen, dass dort drinnen ein Feuer brannte und der Tisch riesig war und

wohlgedeckt mit allem, was schmeckte.

„Los, wir betteln!", hechelte der Hund und die Zunge hing ihm heraus vor Eifer.

„Nichts da!", sprach die alte Katze streng. „Wir sind die Kattles! Wir werden uns Essen und Nachtlager redlich verdienen und den guten Leuten ein Ständchen bringen. Wir machen einen Turm!" Sie wies einem jeden von ihnen seinen Platz zu. Sie selbst stellte sich nach unten, denn sie war die größte. Auf ihren Schultern stand das Pferd, dann kam die Kuh, dann der Esel, dann das Schwein, die Ziege, das Schaf, der Hund, Gans und Ente, der Hahn, ganz oben die weiße Maus.

„Und jetzt alle Mann volle Kehle! Eins, zwei, drei!", stimmte die Katze an.

Sie selbst miaute tief und dunkel, das Pferd wieherte, die Kuh muhte. Der Esel schrie, das Schwein quiekte, die Ziege meckerte. Das Schaf blökte, der Hund bellte und heulte abwechselnd. Die Gans zischte, die Ente schnatterte, der Hahn krähte und die Maus fiepte, was das Zeug hielt.

Den Räubern blieb vor Schauder fast das Herz stehen. Dann musste das Pferd hus-

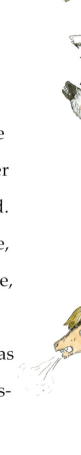

ten und verlor das Gleichgewicht. Der ganze Turm von Tieren kippte um und fiel splitternd durch die Fenster ins Haus. Die Räuber stürzten davon.

„Seht mal, sie haben uns das ganze Essen dagelassen!", staunte das Schaf.

„Weil wir so schön gesungen haben!", grunzte das Schwein.

„Gut gemacht!", lobte die Katze.

Die Tiere machten es sich am Tisch bequem und erhoben die Gläser.

„Ein Hoch auf die Kattles. Mögen noch viele erfolgreiche Auftritte vor uns liegen!", sprach der Esel.

Später suchten sie sich Schlafplätze und löschten das Licht.

Um Mitternacht schickte der Räuberhauptmann einen Späher zurück zum Haus, denn er glaubte, sie hätten alle zuviel Schnaps gehabt und sich den Graus nur eingebildet.

„Geh und sieh nach, was dort los ist!", befahl er.

Der Räuber betrat das dunkle Haus. Die alte Katze öffnete ein Auge. Der Späher hielt dies für die Ofenglut. Er wollte für seine Laterne ein Streichholz anzünden und stach der Katze ins Auge. Die langte aus und haute dem Ärmsten eine runter. Der Hund kniff ihn ins Bein, die Ziege nahm ihn auf die Hörner, das Schaf stieß ihn, die Kuh schlug ihm den Schwanz ins Gesicht, die Maus verfitzte ihm seinen Zottelbart, Esel und Pferd traten ihn mit den Hufen, dass er zur Tür hinausflog, dort scheuchte ihn das Geflügel vom Hof. Schreiend lief er zu seinem Hauptmann: „Unser Haus ist verhext! Böse Geister haben sich dort eingenistet!" Und er beschrieb, wie all die Ungeheuer und Gespenster ihn nach Strich und Faden verprügelt hatten.

Da wagten sich die Räuber nicht mehr zurück, sondern raubten sich ein Schiff und fuhren als Piraten zur See. Die Kattles aber fanden es im Wald so schön, dass sie in dem Räubernest wohnen blieben. Ab und zu zogen sie in die Stadt auf den Markt und gaben eines ihrer schrecklichen Konzerte. Hatten alle Menschen Reißaus genommen, nahmen sie sich, was sie

brauchten und waren verschwunden, bevor die Polizei auftauchte. Im Wald selbst behelligte sie niemand. Denn es ging das Gerücht, darin hause eine schreckliche Räuberbande und nachts würde es dort von Geistern nur so wimmeln.

Inhalt

Das Medaillon	5
Die schnurrende Kammerfrau	14
Vom Dummling	19
Katz und Maus in einem Haus	29
Henry XXXII.	37
Fürst Sorgenfrei zur Wampe	42
Traue keiner Katze	52
Die Verfressene	55
Einen Orden für Frau Katze	61
Prinz Katt und seine Brüder	63
Die falsche Mutter	69
Der Kater in Stiefeln	77
Der Pumavater	85
Die Kattles	95